ZÜGER-KOCHBUCH

KOCHEN MIT SCHWEIZER-ZUTATEN

FONA

Lizenzausgabe für © Züger Frischkäse AG, 9245 Oberbüren

www.fona.ch

Lektorat
Léonie Schmid

Konzept und Gestaltung
FonaGrafik, Hiroe Mori

Fotos
Claudia Albisser Hund

Druck
Kösel, Altusried-Krugzell

ISBN 978-3-03780-575-6

INHALT

LEICHT UND FRISCH: HERZHAFT GENIESSEN MIT SCHWEIZER PRODUKTEN

Zmorge, Znüni, Zmittag und Znacht: Essen ist immer eine wunderbare Gelegenheit, eine kleine Pause zu machen und den Augenblick zu feiern. Dass für Znüni und Zvieri nur wenige Handgriffe in der Küche notwendig sind, versteht sich von selbst. Aber auch Zmittag und Znacht lassen sich im Nu zubereiten, wenn Frischkäse zusammen mit lauter einheimischen Zutaten die Hauptrolle spielt. Die kreativen Rezepte zaubern feine und abwechslungsreiche Überraschungen auf den Teller oder die Picknickdecke.

Das Ostschweizer Familienunternehmen Züger Frischkäse AG verarbeitet frische, regionale Qualitätsmilch zu herrlichen Frischkäse-Produkten. Zum Produktsortiment gehören Mozzarella, Pizzamozzarella, Mascarpone, Ricotta, Quark, Frischkäse, Salzlakenkäse, Grillkäse und Butter. Die Milch von über 400 regionalen Bauernfamilien wird am Standort Oberbüren von 200 Mitarbeitenden zu hochwertigen Lebensmitteln des täglichen Bedarfs veredelt.

Frischkäseprodukte liegen im Trend, denn sie sind leicht, frisch und erst noch gesund! Entdecken Sie unser vielseitiges Produktsortiment und lassen Sie sich von den feinen Rezepten inspirieren.

Ihre

Christof Züger　　　Markus Züger

Zmorge & Süsses

QUARK-KNUSPERMÜESLI

für 1 Person

1 EL Rapsöl
2 EL grobe Haferflocken
100 g Magerquark
1 TL flüssiger Honig
200 g Saisonfrüchte

Haferflocken im Öl knusprig braten, abkühlen lassen.

Quark und Honig verrühren, Haferflocken unterrühren. Früchte klein schneiden, mit dem Müesli mischen, sofort geniessen.

Zmorge & Süsses

FRUCHTSALAT MIT NUSSQUARK

für 1 Person

200–300 g reife, frische Früchte, z. B. Feigen Orangen, Äpfel, Birnen, Trauben, Bananen
einige Datteln, fein geschnitten
Vanille- oder Zimtpulver, nach Belieben

Nussquark
120 g Magerquark
1 Prise Vanillepulver
1 EL gehackte Baumnüsse
flüssiger Honig

Feige entstielen und in Schnitze schneiden. Orange grosszügig schälen, Fruchtfilets aus den Trennhäutchen schneiden. Apfel und Birne schälen, vierteln und entkernen, Viertel in Schnitze schneiden. Früchte auf einem Teller anrichten, mit Datteln garnieren.

Vanillepulver und Nüsse unter den Quark rühren, mit Honig süssen. Auf den Früchten anrichten.

Zmorge & Süsses

RICOTTATORTE

für eine Springform
von 25 cm Durchmesser

125 g neutraler Honig, z. B. Akazienblütenhonig
4 Eier, Eigelb und Eiweiss getrennt
3 EL Orangensaft
1 TL Zimtpulver
1 unbehandelte Zitrone, abgeriebene Schale
500 g Ricotta

2–3 Orangen oder Zitronen
Akazienblütenhonig

Backofen auf 170 °C vorheizen. Rand der Springform einfetten und Boden mit Backpapier belegen.

Honig und Eigelbe zu einer luftigen, cremigen Masse aufschlagen. Orangensaft, Zimt, Zitronenschale und Ricotta unterrühren. Eiweiss zu Schnee schlagen und unterheben. Ricottamasse in die Form füllen.

Form in der Mitte in den Ofen schieben, Ricottatorte bei 170 °C 40 bis 45 Minuten backen. Nadelprobe machen.

Orangen oder Zitronen in feine Scheiben schneiden, entkernen. Zitrusfruchtscheiben im Akazienblütenhonig einige Minuten kochen.

Torte aus der Form nehmen, abkühlen lassen. Mit Zitrusfruchtscheiben belegen.

Tipp Ricottatorte im Kühlschrank etwa einen Tag ruhen lassen. Sie kann nach dem Kühlstellen besser aufgeschnitten werden.

Zmorge & Süsses

TIRAMISÙ

Biskuit
5 Eigelbe
150 g Akazienblütenhonig
1 unbehandelte Zitrone, abgeriebene Schale
150 g Ruchmehl
5 Eiweiss

Füllung
500 g Mascarpone
2½ dl Rahm
3 EL Akazienblütenhonig

2–3 Tassen Espresso
Kakaopulver

Backofen auf 180 °C vorheizen. Ein rechteckiges Backblech mit Backpapier belegen.

Eigelbe und Honig zu einer luftigen Masse aufschlagen, vorzugsweise über dem heissen Wasserbad. Die Masse muss hell sein, wenn das Biskuit luftig werden soll. Zitronenschale zugeben. Mehl mit steif geschlagenem Eiweiss abwechselnd unterziehen. Auf dem Backpapier 1 cm dick und rechteckig ausstreichen.

Biskuit in der Mitte in den Ofen schieben, bei 180 °C 15 bis 20 Minuten backen. Stürzen. Backpapier abziehen. Auskühlen lassen.

Für die Füllung Zutaten glatt rühren. Biskuit halbieren, d. h. auf Grösse der Schüssel / Form zuschneiden. Einen Teil in die Form legen. Mit der Hälfte Kaffee beträufeln. Die Hälfte der Creme darauf verstreichen. Zweites Biskuit darauflegen, Kaffee darüberträufeln, mit restlicher Creme bedecken. Kühl stellen. Tiramisù vor dem Servieren mit Kakaopulver bestäuben.

ERDBEER-MASCARPONE-SCHAUM

Abbildung unten

300 g aromatische Erdbeeren
300 g Magerquark
200 g Mascarpone
1 EL Zitronensaft
4 EL Akazienblütenhonig

Erdbeeren, für die Garnitur

Erdbeeren entstielen und in feine Scheiben schneiden. Quark, Mascarpone, Zitronensaft und Honig luftig aufschlagen, Erdbeeren unterrühren. Creme auf Glasschalen verteilen, mit Erdbeeren garnieren.

ZITRONEN-MASCARPONE-MOUSSE

Abbildung oben

250 g Mascarpone
50 g Zucker
1 dl Rahm
1 unbehandelte Zitrone, abgeriebene Schale und Saft

frische Beeren
1 Zitrone
Puderzucker oder Zitronensirup

Für die Mousse alle Zutaten verrühren, über Nacht in den Kühlschrank stellen. Von der Zitrone mit einem Zestenreisser oder mit einem Sparschäler Streifen abziehen und diese in feinste Streifen schneiden. Mousse mit Eisportionierer portionieren oder mit einem Esslöffel Klösschen abstechen, in einem tiefen Teller anrichten. Mit den Beeren umgeben, diese mit Puderzucker bestäuben oder mit Zitronensirup beträufeln, mit Zitronenschalenstreifchen garnieren.

Zmorge & Süsses

RICOTTACREME MIT ZWETSCHGEN

für 2 bis 4 Personen

Creme
150 g Ricotta
2 EL Zucker
1 Vanilleschote, aufgeschnitten
½ TL abgeriebene Zitronenschale
1½ dl Rahm

Zwetschgenkompott
1–2 EL Zucker
1 dl frisch gepresster Orangensaft
½ Vanilleschote, aufgeschnitten
¼ Zimtstange
250 g Zwetschgen

Ricotta in einer Schüssel mit Zucker, abgestreiftem Vanillemark und Zitronenschale verrrühren. Rahm steif schlagen und unterziehen. Kühl stellen.

Für das Kompott Zucker, Orangensaft, Vanilleschote und Zimt aufkochen. Zwetschgen halbieren und entsteinen, im Fond bei schwacher Hitze weich garen.

Ricottacreme mit Zwetschgenkompott anrichten.

Zmorge & Süsses

BUTTERZOPFHERZEN

für 8–10 Herzen

3½ dl lauwarme Milch
30 g Hefe
750 g Weissmehl
15 g Salz
1 Ei
2 Eigelbe
100 g weiche Butter

1–2 Eigelbe, zum Bepinseln

In einer Teigschüssel die Hefe in der Milch auflösen. Das Mehl unterrühren, gut kneten. Ei, Eigelbe und Salz verrühren, zusammen mit der weichen Butter unter den Teig arbeiten, kneten, bis er schön glatt und nicht mehr klebrig ist. Hefeteig in eine Klarsichtfolie einwickeln, 10 Minuten ruhen lassen.

Den Teig in 8 bis 10 Portionen teilen, Rollen drehen und diese zu Herzen formen. Auf ein mit Backpapier belegtes Blech legen. Bei Zimmertemperatur 20 Minuten gehen lassen.

Den Backofen auf 220 °C vorheizen.

Die Butterzopfherzen mit dem Eigelb bepinseln.

Das Blech auf der zweituntersten Schiene in den Backofen schieben, die Butterzopfherzen bei 200 °C etwa 20 Minuten backen.

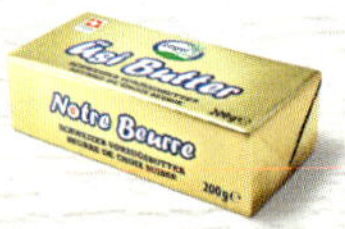

NUSS-APFEL-BUTTER

Abbildung Seite 23, unten

75 g Baumnüsse
1 kleiner Apfel
6 EL Süssmost
250 g weiche Butter
1 Msp Muskatnuss
½ TL Pimentpulver
½ TL Zimtpulver

Backofen auf 160 °C vorheizen. Baumnüsse auf ein Blech verteilen und im Ofen 15 Minuten rösten. Nüsse erkalten lassen. Fein reiben (Mixer oder Cutter).

Apfel schälen, vierteln und entkernen, im Süssmost weich kochen, durch ein Sieb drücken. Auskühlen lassen.

Nüsse, 2 bis 3 EL Apfelmus und Gewürze unter die Butter rühren.

Tipp Die Nuss-Apfel-Butter ist im Kühlschrank 1 Woche haltbar.

ZITRONEN-AMUSE-BOUCHE

Abbildung Seite 27, rechts

2 dickfleischige Zitronen
1 Beutel (5 x 25 g) Büffel-Mozzarella
2 Cherrytomaten
4 Basilikumblättchen
4 Sardellen

Basilikum, für die Garnitur

Blüten- und Stielansatz der Zitronen abschneiden (damit die Zitronen gut stehen), Früchte halbieren und Fruchtfleisch mit einem Messer vorsichtig aus der Schale lösen, damit diese nicht verletzt wird.

Mozzarellakugeln halbieren. Cherrytomaten halbieren. Sardellen waschen und trocken tupfen.

Je 1 Mozzarellahälfte, ½ Cherrytomate, 1 Sardelle und 1 Basilikumblatt in jede Zitronenhälfte füllen, mit Mozzarella abschliessen.

Gefüllte Zitronenhälften im vorgeheizten Backofen bei 180 °C 20 Minuten backen. Mit Basilikum garnieren.

Znüni & Zvieri / Apero

ZUCCHINIRÖLLCHEN

Abbildung links

2 mittelgrosse Zucchini
1–2 EL Öl

Füllung
200 g Frischkäse «Kräuter»
50 g Dörrtomaten, eingeweicht und fein gehackt
10 Basilikumblättchen, in Streifchen
1 Knoblauchzehe, durchgepresst
½ unbehandelteZitrone, abgeriebene Schale und Saft
Salz
Pfeffer aus der Mühle

fein geschnittener Schnittlauch

Zucchini beidseitig kappen. Mit dem Gemüsehobel in Längsrichtung in feine Streifen hobeln. Zucchinischeiben in einer beschichteten Bratpfanne im Öl beidseitig kurz dünsten, auf Küchenpapier abtropfen lassen. Die Zucchinistreifen können auch im Dampf oder im Steamer kurz gegart werden.

Die Zutaten für die Füllung verrühren, mit Salz und Pfeffer abschmecken.

Auf jeden Zucchinistreifen etwas Füllung verteilen und aufrollen. Eventuell mit einem Zahnstocher fixieren.

Tipp Die Zucchiniröllchen passen auf ein Sommerbuffet und sind ein schönes Mitbringsel zu einem Gartenfest.

Znüni & Zvieri/Apero

CROSTINI MIT RICOTTA-GEMÜSE-MOUSSE

1 dunkle Baguette, in Scheiben

100 g Ricotta
40–50 g Kräuter, z. B. wenig Bärlauch, Brunnenkresse, Petersilie, gehackt
2 EL kleine Gemüsewürfelchen (Brunoise), z. B. Karotte, Kohlrabi, Zucchino, Stangensellerie
2 EL Sonnenblumenöl
Pfeffer aus der Mühle
Salz
1 unbehandelte Zitrone, wenig abgeriebene Schale

Ricotta, Kräuter, Gemüsewürfelchen und Öl mixen, mit Pfeffer, Salz und Zitronenschale würzen.

Baguettescheiben im Backofen bei 220 °C bräunen.

Gemüsemousse auf den gerösteten Brotscheiben verstreichen.

Znüni & Zvieri/Apero

COTTAGE-CHEESE-KÜRBIS-AUFSTRICH

Abbildung Seite 29

1 Baguette
Kürbiskernöl
durchgepresster Knoblauch

Brotaufstrich
200g Cottage Cheese
1 kleines Stück entkernter, geschälter Kürbis, fruchtige Sorte
2 EL fein gehackte Kräuter, z.B. Thymian, Majoran, Basilikum, Petersilie
Kräutersalz
Pfeffer aus der Mühle
1 EL Kürbiskernöl

geröstete Kürbiskerne, gehackt
1 Bund Rucola

Backofen auf 220 °C vorheizen.

Kürbis auf der Bircherraffel zum Cottage Cheese reiben. Kräuter unterrühren. Mit Kräutersalz, Pfeffer und Kürbiskernöl würzen.

Baguette in Scheiben schneiden und im vorgeheizten Ofen bei 220 °C toasten.

Auf jede Toastscheibe einen Tropfen Kürbiskernöl geben und wenig durchgepressten Knoblauch darauf verteilen. Cottage-Cheese-Kürbis-Masse darauf verstreichen. Mit Kürbiskernen bestreuen und mit Rucola garnieren.

EIER-COTTAGE-CHEESE-TATAR

150 g Cottage Cheese
wenig Senf
wenig Mayonnaise
3–4 hartgekochte Eier
2 EL fein gehackte glatt-blättrige Petersilie oder fein geschnittener Schnittlauch
Salz
Pfeffer aus der Mühle

Cottage Cheese in einem feinen Sieb abtropfen lassen. Senf und Mayonnaise unter den Cottage Cheese rühren. Eier schälen und fein würfeln und mit Kräutern unterrühren, mit Salz und Pfeffer abschmecken.

Tipp Die Masse eignet sich zum Füllen von Schinkenscheiben oder zum Füllen von Zucchini- und Kürbisblüten.

Znüni & Zvieri/Apero

OFENKÜCHLEIN MIT QUARK-RUCOLA-FÜLLUNG

für 30 Mini-Ofenküchlein

Brandteig
2½ dl Wasser
1 dl Milch
80 g Butter
½ TL Salz
180 g Ruchmehl
4–5 verquirlte Eier, je nach Grösse

Füllung
350 g Magerquark
½ unbehandelte Zitrone, abgeriebene Schale und 1 EL Saft
75 g geriebener Sbrinz
2 EL fein gehackter Rucola oder 1 EL fein gehackte Thymianblättchen
2 dl Rahm
Kräutersalz
Pfeffer aus der Mühle

Für den Teig Wasser, Milch, Butter und Salz aufkochen. Mehl im Sturz zugeben, kräftig rühren, bis sich der Teig vom Pfannenboden löst. Von der Wärmequelle nehmen, etwas abkühlen lassen. Eier mit Stabmixer nach und nach unterrühren. Der Teig soll weich sein.

Backofen auf 160 °C vorheizen. Brandteig in einen Spritzbeutel mit grosser, glatter Tülle füllen, auf zwei mit Backpapier belegte Bleche rund 30 Häufchen spritzen.

Ofenküchlein im vorgeheizten Ofen bei 160 °C etwa 15 Minuten backen. Bei 130 °C weitere 25 Minuten backen. Den Ofen während des Backens nicht öffnen. Ofenküchlein im leicht geöffneten Ofen 20 Minuten trocknen lassen.

Für die Füllung Quark, Zitronenschale und Zitronensaft, Sbrinz und Rucola verrühren. Leicht geschlagenen Rahm unterziehen. Mit Kräutersalz und Pfeffer würzen.

Ofenküchlein mit Schere oder Brotmesser durchschneiden, mit Quarkmasse füllen. Hut auflegen.

Znüni & Zvieri/Apero

FEIGEN UND MOZZARELLA AN TRAUBENSAFTSAUCE

4 frische Feigen
1 Beutel (130 g) Mozzarella-Herzli
8 Scheiben Bündnerfleisch, je 6 g

Traubensaftsirup
30 g Puderzucker
200 g roter Traubensaft

Für den Traubensaftsirup Puderzucker in einem hitzebeständigen Topf leicht karamellisieren. Traubensaft nach und nach zugeben und auf die Hälfte einkochen lassen. Zur Seite stellen.

Backofen auf 220 °C vorheizen.

Feigen längs halbieren, auf ein Blech legen. Bei 220 °C etwa 5 Minuten backen. In den Traubensaftsirup legen, 20 bis 30 Minuten ziehen lassen.

Bündnerfleisch auf ein Blech verteilen, bei 220 °C backen, bis das Fleisch knusprig ist.

Feigen und Mozzarella-Herzli anrichten, mit der Traubensaftsauce umgeben, Bündnerfleisch dazulegen.

Znüni & Zvieri/Apero

ORANGEN MIT MOZZARELLA-HERZLI

3 süsse Orangen
12 entsteinte schwarze Oliven
1 Beutel (130 g) Mozzarella-Herzli
Pfeffer aus der Mühle
Salz
2 EL Baumnussöl

Orangen mit einem scharfen Messer grosszügig schälen, auch die weisse Haut entfernen. Fruchtfilets aus den Trennhäutchen schneiden, Kerne entfernen.

Orangenfilets, Oliven und Mozzarella-Herzli auf Teller legen. Mit Pfeffer und Salz würzen. Baumnussöl darüberträufeln.

Variante Für dieses Rezept eignen sich auch Zitronen.

Znüni & Zvieri/Apero

PIKANTE TARTELETTES MIT APRIKOSENMOUSSE

für 20 Stück

20 kleine, salzige Mürbeteigböden

Füllung

1 TL Akazienblütenhonig
30 g getrocknete Aprikosen, fein gehackt
50 g Mascarpone
130 g Magerquark
50 g geriebener Sbrinz
Salz
Pfeffer aus der Mühle
geriebene Muskatnuss

glattblättrige Petersilie, für die Garnitur

Mürbeteigböden auf ein Blech legen und im vorgeheizten Ofen bei 200 °C etwa 4 Minuten aufbacken, herausnehmen und auskühlen lassen.

Akazienblütenhonig in einem Pfännchen erwärmen, Aprikosen beifügen. Von der Wärmequelle nehmen, Aprikosen 30 Minuten ziehen lassen.

Mascarpone, Quark und Sbrinz verrühren. Aprikosen mit Flüssigkeit unterrühren. Würzen. Aus der Masse mit einem kleinen Kugelausstecher Kugeln abstechen, in die Teigböden setzen. Oder Masse mit 2 Teelöffeln portionieren, d. h. Klösschen abstechen. Mit abgezupfter Petersilie garnieren.

Zmittag

GRILLKÄSE-KARTOFFEL-ZWIEBEL-SPIESSCHEN

16 kleine Frühkartoffeln, je 30 g
16 Saucenzwiebelchen, je 20 g
8 kleine Tomaten oder grosse Cherrytomaten
320 g Grill-Cheese Barbecue, gewürfelt
Salz
Pfeffer aus der Mühle
Öl

Kartoffeln waschen und trocknen, mit Schale im Öl bei mittlerer Hitze während gut 10 Minuten braten. Ganze, geschälte Zwiebelchen zu den Kartoffeln geben, mit Salz und Pfeffer würzen, 5 Minuten mitbraten. Leicht auskühlen lassen.

Zwiebeln, Kartoffeln, Tomaten und Käse abwechselnd auf kleine Spiesschen reihen.

Spiesschen in der Bratpfanne oder auf einem Blech im Backofen braten.

Tipp Mit einem Blattsalat servieren.

BLATTSALAT MIT BÜFFEL-MOZZARELLA

4 grosse Portionen Blattsalat: Schnittsalat, Kresse, Wasserkresse, Rucola, zerpflückter Kopfsalat, Endivie, krause Endivie
Blütenblätter, je nach Saison: Thymian, Salbei, Rosmarin, Duftrose, Rucola, Ringelblume
16 Cherry- oder 4 Fleischtomaten

2 Kugeln Büffel-Mozzarella, je 130 g, abgetropft

Vinaigrette
2 EL weisser Balsamico
4–5 EL Olivenöl
Fleur de Sel
frisch gemahlener Pfeffer

Vinaigrette zubereiten.

Blattsalate und abgezupfte Blütenblätter oder ganze Blüten locker mischen, auf Tellern anrichten.

Bei den Tomaten Stielansatz ausstechen, Cherrytomaten halbieren oder vierteln, Fleischtomaten achteln. Mozzarella portionieren.

Tomaten und Mozzarella um den Blattsalat legen. Mit der Vinaigrette beträufeln.

Zmittag

MOZZARELLA-SALAT MIT DÖRRTOMATEN-VINAIGRETTE

4 Portionen Nüsslisalat
1 Mozzarella-Stange, 400 g, geschnitten, abgetropft

Vinaigrette
2 EL Apfelessig
4 EL Öl (von eingelegten Tomaten)
Salz
Pfeffer aus der Mühle
6 in Öl eingelegte getrocknete Tomaten, klein gewürfelt
1 EL gehackte Kapern
1 EL fein gehackter Oregano
1 TL Thymianblättchen

Oregano, für die Garnitur

Vinaigrette zubereiten. Tomaten, Kapern und Kräuter zufügen.

Nüsslisalat anrichten, Mozzarella-Kugeln in Schnitze schneiden und dazulegen. Vinaigrette darüberträufeln. Mit Oregano garnieren.

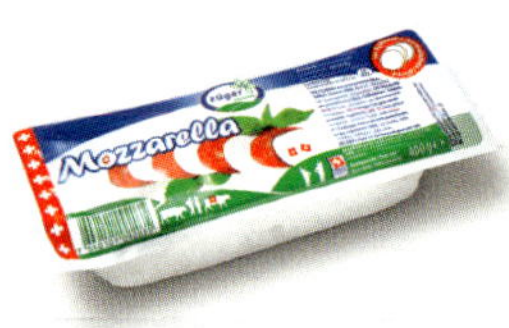

Zmittag

LAUWARMER TOMATEN-MOZZARELLA-SALAT

Tomaten
800 g Fleischtomaten
4 junge Knoblauchzehen, in feinen Scheiben
3 Oreganozweiglein, Blättchen abgezupft
Salz
Pfeffer aus der Mühle

3 Kugeln Büffel-Mozzarella, je 130 g, in Scheiben
Kürbiskernöl
4 getrocknete Tomatenscheiben
4 Oreganozweiglein

Stielansatz bei den Tomaten ausstechen, Tomaten vierteln und entkernen, in Würfelchen schneiden.

Tomaten, Knoblauch und Oregano etwa 5 Minuten dünsten. Würzen.

Lauwarme Tomaten auf Teller verteilen. Mozzarella darauflegen, mit Kürbiskernöl beträufeln, mit getrockneten Tomatenscheiben und Oregano garnieren.

Zmittag

QUARKSPÄTZLI

240 g Magerquark
4 Eier
2 Eigelbe
1 TL Salz
wenig Muskatnuss
240 g Weissmehl

geriebener Gruyère

2 EL Butter
2–3 Schalotten, in Streifen

Quark, Eier, Eigelbe, Salz und wenig Muskatnuss in einer Teigschüssel glatt rühren. Mehl mit dem Teigspachtel untermischen. Spätzliteig 30 Minuten zugedeckt ruhen lassen.

Backofen auf 100 °C vorwärmen.

Schalotten in einer Bratpfanne in der Butter goldgelb braten.

In einem grossen Kochtopf reichlich Salzwasser erhitzen. Teig portionsweise in das Knöpflisieb füllen und in das kochende Wasser streichen. Spätzli an die Oberfläche steigen lassen, mit einem Schaumlöffel herausnehmen.

Spätzli und wenig Gruyère lagenweise in eine Schüssel füllen. Im Ofen zugedeckt (damit die Spätzli nicht antrocknen) warm stellen. Schalotten darüber verteilen.

Tipp Die Spätzli mit einem Kompott oder einem bunten Blattsalat servieren.

Zmittag

RICOTTA-GNOCCHI

Gnocchi
400 g Ricotta
200 g Hartweizengriess
80 g geriebener Sbrinz
1 Ei
1 Msp Salz

300 g Cherrytomaten
Salz
Pfeffer aus der Mühle

1 grosser Bund Basilikum
grob gehobelter Sbrinz
reichlich warme Butter

Zutaten für die Gnocchi zu einem geschmeidigen Teig rühren. 30 Minuten zugedeckt ruhen lassen.

Aus dem Teig auf der leicht bemehlten Arbeitsfläche Rollen von etwa 15 mm Durchmesser drehen und diese in 3 cm lange Stücke schneiden, mit dem Daumen eindrücken.

Backofen auf 200 °C vorheizen.

Gnocchi in einem grossen Kochtopf in reichlich kochendem Salzwasser portionsweise ziehen lassen, bis sie an die Oberfläche steigen. Mit dem Schaumlöffel herausnehmen, in einer vorgewärmten Schüssel warm stellen.

Cherrytomaten halbieren, mit der Schnittfläche nach oben auf ein Kuchenblech legen, mit Salz und Pfeffer würzen. Im Ofen bei 200 °C 6 bis 8 Minuten braten.

Gnocchi und Tomaten in vorgewärmten Tellern anrichten. Abgezupfte Basilikumblättchen und Sbrinz darüberstreuen, mit Butter beträufeln.

Zmittag

GRILLKÄSE-AUBERGINEN-SPIESSCHEN

1–2 schlanke Auberginen
2 Knoblauchzehen
16 in Öl eingelegte getrocknete Tomaten
320 g Grill-Cheese Provençal, in Vierecken
Olivenöl
Salz
Pfeffer aus der Mühle
2 EL Honig

Auberginen beidseitig kappen, 16 Scheiben von etwa 1 cm Dicke schneiden, auf eine Platte legen und mit Salz bestreuen, 15 Minuten ziehen lassen. Mit Haushaltpapier trocken tupfen. Auberginenscheiben in viel Olivenöl bei mittlerer Hitze in der Bratpfanne auf beiden Seiten braten. Auf die Platte legen. Durchgepresste Knoblauchzehen mit 3 EL Olivenöl von den Tomaten mischen und die noch warmen Auberginen damit bepinseln, mit Salz und Pfeffer würzen.

Backofen auf 90 °C vorheizen.

Auberginen, getrocknete Tomaten und Bratkäsestücke abwechselnd auf Spiesse stecken und in der Bratpfanne bei mässiger Hitze auf beiden Seiten braten. Warm stellen.

Honig in Bratpfanne auf kleinster Stufe flüssig werden lassen, Spiesschen damit bepinseln.

Tipp Mit Goldhirse servieren.

Zmittag

NUDELN MIT GRÜNSPARGEL AN ZITRONENSAUCE

400 g breite Nudeln
500 g grüner Spargel
4 EL weiche Butter
200 g Mascarpone
1 unbehandelte Zitrone, abgeriebene Schale und Saft
1–2 EL fein gehackte glattblättrige Petersilie
Pfeffer aus der Mühle
Sbrinzspäne

Spargelende abschneiden und unteres Drittel schälen, Stangen in 3 bis 4 Stücke schneiden.

Nudeln in reichlich Salzwasser al dente kochen, Spargel 2 bis 4 Minuten mitkochen, in ein Sieb abgiessen (Kochwasser für eine Suppe auffangen).

Butter, Mascarpone, Zitronensaft, Zitronenschale und Petersilie verrühren.

Nudel-Spargel-Mix in den Topf geben und mit der Sauce mischen, erhitzen. Anrichten. Mit grob gemahlenem Pfeffer und Sbrinzspänen garnieren.

KRÄUTERFRISCHKÄSE-QUICHE MIT ROTEN ZWIEBELN

für ein grosses
rundes Kuchenblech

1 runder Blätterteig

3 Eier
1 dl Rahm
250 g Ricotta
100 g Frischkäse «Kräuter»
Salz
Pfeffer aus der Mühle
1 TL fein gehackte Rosmarinnadeln
1–2 EL Öl
4 rote Zwiebeln
50 g Speck, gewürfelt

Rosmarinnadeln, für die Garnitur

Backofen auf 200 °C vorheizen.

Blätterteig in die Form legen, Teig mit einer Gabel einige Male einstechen.

Eier verquirlen, Rahm, Ricotta und Kräuterfrischkäse zugeben, glatt rühren, mit Salz und Pfeffer würzen, Rosmarin unterrühren.

Zwiebeln schälen und halbieren und in feine Streifen schneiden, im Olivenöl einige Minuten dünsten, abkühlen lassen, Speck unterrühren, auf dem Teigboden verteilen. Guss darübergiessen.

Quiche auf der zweituntersten Schiene in den vorgeheizten Ofen schieben, bei 200 °C etwa 30 Minuten backen. Mit Rosmarinnadeln garnieren.

RISOTTO MIT TOMATEN UND KRÄUTERFRISCHKÄSE

2 EL Butter
1 kleine Zwiebel, klein gewürfelt
1 Knoblauchzehe, klein gewürfelt, nach Belieben
250–300 g Risottoreis
ca. 1 l heisse Gemüsebouillon
1 Spritzer Zitronensaft
2 EL Butter
500 g Cherrytomaten
½ Bund Thymian oder Basilikum
Salz
150 g Frischkäse «Kräuter»

Zwiebeln und Knoblauch in der Butter andünsten, Reis mitdünsten und glasig werden lassen, mit etwas heisser Gemüsebouillon ablöschen, nach und nach heisse Gemüsebouillon zugeben, häufig rühren, etwa 20 Minuten köcheln. Mit Zitronensaft abrunden.

Cherrytomaten halbieren, in der Butter 2 bis 3 Minuten dünsten, mit abgezupftem Thymian und Salz würzen.

Cherrytomaten unter den Risotto rühren, kurz köcheln lassen. Kräuterfrischkäse unterrühren, mit Pfeffer abrunden, sofort anrichten.

Zmittag

CURRY-BRATKÄSE-SPIESSCHEN MIT WÜRZIGEM REIS

Butter oder Bratbutter
4 Grill-Cheese-Spiessli Curry

Reis
20 g Butter
wenig Zimt
3 Gewürznelken
4 schwarze Pfefferkörner
300 g Langkornreis
6 dl Gemüsebouillon
Salz
Pfeffer aus der Mühle

Bananen-Curry-Sauce
1 reife Banane
4 EL Mayonnaise
1 EL scharfer Curry
3 EL Schlagrahm
Salz
Pfeffer aus der Mühle

Reis ausgiebig mit warmem Wasser überbrausen, abtropfen lassen. Gewürze mit Reis in der Butter andünsten, mit Gemüsebouillon ablöschen, aufkochen, Reis bei schwacher Hitze ausquellen lassen. Gewürze entfernen. Reis mit Salz und Pfeffer abschmecken.

Curry-Grill-Cheese-Spiessli in der Butter braten.

Für die Sauce Banane schälen und mit einer Gabel zerdrücken, Mayonnaise und Curry unterrühren. Schlagrahm unterziehen, Sauce mit Salz und Pfeffer abschmecken.

SPARGELOMELETTE

für ein Kuchenblech
von 26 cm Durchmesser

500 g grüner Spargel
25 g flüssige Butter
2 Schalotten, in feinen Streifen
8 Eier
50 g geriebener Käse
1 EL fein geschnittener Kerbel
1 EL fein geschnittener
Schnittlauch
1 TL Salz
Pfeffer aus der Mühle
1 Kugel Mozzarella (150 g),
in Scheiben, abgetropft
Kerbel, für die Garnitur

Backofen auf 240 °C vorheizen.

Beim Spargel unteres Drittel schälen, Ende frisch anschneiden, Stangen in 3 bis 4 cm lange Stücke schneiden. Spargel im Dampf knackig garen, mit kaltem Wasser abschrecken.

Butter und Schalotten auf einem Blech verteilen. Im vorgeheizten Ofen bei 240 °C 4 bis 5 Minuten dünsten.

Eier verquirlen, Käse und Kräuter unterrühren, würzen. Spargel und Eiermasse in das Blech füllen. In der Mitte in den Ofen schieben und Eiermasse bei 240 °C 5 bis 8 Minuten stocken lassen. Mozzarella darauf verteilen und weitere 3 bis 4 Minuten backen, bis der Käse geschmolzen ist. Mit Kerbel garnieren. Sofort servieren.

Zmittag

GRATINIERTER FENCHEL

4 EL Butter
1 grosse Zwiebel
2 Knoblauchzehen
1 kg Fenchel
4 dl Gemüsebouillon
600 g Fleischtomaten, geschält
1 Bund Petersilie
1 Bund Basilikum
Pfeffer aus der Mühle
Kräutersalz
200 g geraffelte Pizza/
Gratin-Käsemischung

Beim Fenchel grobfasrige Stellen mit dem Sparschäler entfernen, Knollen längs in etwa fingerdicke Scheiben schneiden. Zwiebel und Knoblauchzehen fein würfeln.

In einer weiten Pfanne Zwiebel- und Knoblauch in der Butter andünsten, Fenchel mitdünsten, Gemüsebouillon zugeben, bei schwacher Hitze zugedeckt 5 Minuten köcheln lassen. Brühe abgiessen (trinken oder für eine Suppe verwenden).

Backofen auf 220 °C vorheizen.

Stielansatz bei den Tomaten ausstechen, Tomaten in grosse Würfel schneiden.

Fenchel in die mit Butter eingefettete Gratinform füllen, Tomaten darüber verteilen. Kräuter von Stielen zupfen und darüberstreuen. Mit Pfeffer und Kräutersalz würzen. Käsemischung darüberstreuen.

Das Fenchelgratin in der Mitte in dem auf 220 °C vorgeheizten Ofen rund 15 Minuten backen.

GEFÜLLTE PEPERONI

4 gelbe Peperoni

4 grosse Fleischtomaten
Salz
Pfeffer aus der Mühle
4 Knoblauchzehen
1 Bund Basilikum
4 EL Olivenöl
1 Kugel Mozzarella (150 g), grob gehackt, abgetropft

Basilikum, für die Garnitur

Peperoni mit Stiel halbieren und entkernen, innen mit Salz und Pfeffer würzen.

Backofen auf 180 °C vorheizen.

Tomaten auf der Blütenseite kreuzweise einschneiden, im Schaumlöffel in kochendes Wasser tauchen, bis sich die Haut löst, mit kaltem Wasser abschrecken, Stielansatz ausstechen, Tomaten grob hacken oder in Schnitze schneiden, mit Salz, Pfeffer, durchgepressten Knoblauchzehen sowie fein geschnittenem Basilikum würzen.

Peperonihälften in eine Gratinform stellen, mit den Tomaten füllen, wenig Öl darüberträufeln.

Peperoni bei 180 °C 45 Minuten schmoren. Etwa 10 Minuten vor Ende der Bratzeit grob gehackten Mozzarella auf die Tomaten verteilen. Vor dem Servieren mit Basilikum garnieren.

Tipp Mit Ofenkartoffeln oder mit Reis servieren.

Zmittag

HAMBURGER MIT MOZZARELLA-FÜLLLUNG

500 g gehacktes Rindfleisch
100 g weiches Brot, zerpflückt
1 Knoblauchzehe, durchgepresst
2 EL Tomatenpüree
1 Ei
2 EL gehackte glattblättrige Petersilie
1 TL Salz
Pfeffer aus der Mühle

100 g geraffelte Pizza/Gratin-Käsemischung

Öl, zum Braten

Zutaten bis und mit Petersilie mischen, mit Salz und Pfeffer würzen. Fleischmasse kneten, bis sie gleichmässig fein ist. Mit wenig Mehl 8 Burger formen. Käsemischung auf 4 Burger verteilen, mit einem zweiten Burger zudecken. Ränder zusammendrücken.

In einer Brat-/Grillpfanne wenig Öl erhitzen, Burger bei mittlerer Hitze beidseitig je 4 Minuten braten.

Zmittag

CORDON BLEU

4 Schweinsschnitzel, vom Nierstück, je 120 g, doppelt geschnitten
8 Scheiben Bündner Rohschinken, je 15 g
1 Kugel Mozzarella (150 g), in 8 Portionen, abgetropft
4 Basilikumblättchen, in Streifen
30 g eingelegte, getrocknete Tomaten, in Streifen
Salz
Pfeffer aus der Mühle
Mehl
1 Ei, verquirlt
Paniermehl

Butter, Bratbutter oder Öl, zum Braten

Schweinsschnitzel flach legen und leicht klopfen. Je 2 Schinkenscheiben leicht überlappend auf die Arbeitsfläche legen, Mozzarella, Basilikum und getrocknete Tomaten darauf verteilen und gut verschliessen. Auf eine Schnitzelhälfte legen, zweite Hälfte darüberlegen, gut verschliessen und Rand andrücken, leicht würzen.

Cordons bleus im Mehl und im verquirlten Ei wenden, mit Paniermehl panieren, gut andrücken. 1½ Stunden ruhen lassen (während der Ruhezeit «versiegelt» das Ei die Fleischöffnung und verhindert, dass der Käse während dem Braten ausläuft).

Cordons bleus in der Bratpfanne in der Butter bei mittlerer Hitze beidseitig je 5 Minuten braten.

Zmittag

GEFÜLLTE RIESENCHAMPIGNONS

8–12 Riesenchampignons
Öl, zum Bepinseln

Füllung
1 EL Butter
2 Scheiben Toastbrot, ohne Rinde
1 Schalotte, fein gewürfelt
Pilzstiele, fein gehackt
1 grüner oder roter Peperoncino, längs halbiert, entkernt, in Streifchen
6 in Öl eingelegte getrocknete Tomaten, abgetropft, in Streifchen
je 1 TL gehackter Thymian und Oregano
Salz
Pfeffer aus der Mühle
1 Kugel Mozzarella, 150 g, abgetropft, klein gewürfelt

Thymian oder Peperoncinostreifchen, für die Garnitur

Pilzstiele herausdrehen. Hüte aussen mit wenig Öl bepinseln, umgekehrt auf ein mit Backpapier belegtes Blech legen.

Backofen auf 220 °C vorheizen.

Für die Füllung das Brot zerpflücken, in der Butter rösten, Schalotten und gehackte Pilzstiele zugeben und andünsten. Peperoncini und Tomaten zugeben und ebenfalls mitdünsten. Pfanne von der Wärmequelle nehmen, Kräuter unterrühren, würzen, auskühlen lassen. Mozzarella unterrühren. In die Champignonshüte füllen.

Gefüllte Champignons in der Mitte in den Ofen schieben und bei 220 °C 15 bis 20 Minuten backen.

Tipp Mit Kartoffelgratin oder Risotto servieren.

Znacht

PIKANTER KRAUTSTIELSALAT MIT MOZZARELLA-HERZLI

700 g Krautstiele
2 EL Olivenöl
1 kleine Zwiebel, klein gewürfelt
1 Knoblauchzehe, klein gewürfelt
wenig Peperoncino, entkernt, klein gewürfelt
einige Tropfen Zitronensaft
Salz

1 Beutel Mozzarella-Herzli (130 g)

Blattgrün der Krautstiele abschneiden, Stiele und Kraut in breite Streifen schneiden. Krautstiele im Salzwasser 4 Minuten garen, mit Schaumlöffel herausnehmen. Blattstreifen im gleichen Wasser 1 bis 2 Minuten garen.

Zwiebeln, Knoblauch und Peperoncini im Öl andünsten, Krautstiele und Kraut zufügen und kurz mitdünsten. Mit Zitronensaft und Salz abschmecken.

Krautstielsalat anrichten, mit Mozzarella-Herzli garnieren.

Znacht

CHINAKOHL-ROTKABIS-SALAT MIT PILZEN

100 g Chinakohl
200 g Rotkabis
20 g Butter
200 g Pilze, z. B. Champignons, Eierschwämmchen, Morcheln
1 Bund Rucola
1 Beutel Mozzarella-Herzli (130 g)

Sauce
2 EL Weissweinessig
2 EL Apfel- oder Himbeeressig
Salz
Pfeffer aus der Mühle
4–5 EL Rapsöl

Chinakohl und Rotkohl in feine Streifen schneiden, mit der Salatsauce vermengen.

Pilze putzen, je nach Grösse und Pilzart ganz lassen oder in Scheiben / Streifen schneiden.

Pilze in der Butter kräftig anbraten.

Rucola fein schneiden.

Rucola und Pilze mit dem Salat vermengen. Mit Mozzarella-Herzli garnieren.

Znacht

BLÄTTERTEIG-PÄCKCHEN MIT PIKANT-SÜSSER FÜLLUNG

für 10 Personen
für ca. 30 Stück

2 rechteckig ausgerollte Blätterteige
2 Kugeln Büffel-Mozzarella, je 130 g
150 g entsteinte Dörrpflaumen, in Streifen
ca. 30 g Scheiben Bündner Rohschinken
Pfeffer aus der Mühle

2 Eier, verquirlt

Blätterteig in 13 x 9 cm grosse Rechtecke schneiden. Mozzarella in Würfelchen schneiden. Mozzarella und Dörrpflaumen auf den Rohschinken verteilen, mit Pfeffer würzen, einrollen. Rollen in die Mitte der Teigplätzchen legen. Rand mit Ei bepinseln, Rohschinkenröllchen einpacken. Teigenden gut zudrehen. Auf dem Blech kühl stellen.

Backofen auf 220 °C vorheizen.

Blätterteiggebäck mit Ei bepinseln. In der Mitte in den Ofen schieben und bei 220 °C 15 bis 20 Minuten backen. Sofort servieren.

Znacht

KARTOFFELSOUFFLÉ

für 4 mittelgrosse Souffléförmchen

Butter
Brotbrösel oder Paniermehl

400 g mehligkochende Kartoffeln
2 Eigelbe
150 g Magerquark
40 g Frischkäse «Kräuter»
2 EL Rapsöl
Salz
Pfeffer aus der Mühle
2 Eiweiss
1 Prise Salz

4 Handvoll Kresse
2 EL Baumnussöl
Kräutersalz
Pfeffer aus der Mühle

Kartoffeln schälen und in kleine Würfel schneiden, im Dampf weich garen. Noch heiss durch das Passevite drehen.

Backofen auf 180 °C vorheizen.

Souffléförmchen mit Butter einfetten, mit Brotbröseln ausstreuen.

Eigelbe, Quark, Kräuterfrischkäse und Öl glatt rühren, mit Salz und Pfeffer würzen. Unter die noch warmen Kartoffeln rühren, eventuell nachwürzen. Eiweiss mit Prise Salz steif schlagen, unterziehen. In die Förmchen füllen.

Souffléförmchen in der Mitte in den Ofen schieben, bei 180 °C etwa 35 Minuten backen.

Kresse auf Teller verteilen, mit Baumnussöl, Salz und Pfeffer würzen. Rand der Kartoffelköpfchen lösen und auf die Kresse stürzen.

Tipp Mit einem bunten Saisonsalat servieren.

Znacht

CALZONE

520 g Pizzateig, vom Bäcker oder selbstgemacht

Pizzateig
250 g Weissmehl
¼ Hefewürfel
1 TL Salz
30 g Olivenöl
1¼ dl lauwarmes Wasser

Füllung
120 g Salami nostrano
260 g Mozzarella-Stange, geschnitten
300 g Cherrytomaten
4–6 Basilikumzweiglein
250 g Ricotta

wenig Öl, zum Bestreichen

Das Mehl in eine Schüssel geben und eine Vertiefung formen, Hefe mit ein wenig lauwarmem Wasser in die Vertiefung geben, 2 EL Mehl unterrühren, Vorteig 15 Minuten gehen lassen. Salz über Mehlring streuen. Restliches Wasser mit Olivenöl zugeben, zu einem Teig zusammenfügen, auf Arbeitsfläche kurz durchkneten. Schüssel mit feuchtem Tuch bedecken, 30 Minuten gehen lassen.

Pizzateig halbieren, Kugeln formen und diese über die Handballen ziehen, bis die Rondellen einen Durchmesser von etwa 24 cm haben. Backofen mit oder ohne Pizzastein auf 300 °C vorheizen.

Salami in feine Streifen schneiden. Mozzarella klein würfeln. Bei den Cherrytomaten den Stielansatz ausstechen, halbieren oder vierteln. Basilikum in feine Streifen schneiden. Alle Zutaten für die Füllung mischen, mit genügend Rand auf eine Teighälfte legen, Teigrondelle zusammenklappen, mit Gabel andrücken. Calzone mit Öl bestreichen. Auf Pizzastein etwa 8 Minuten bei 300 °C backen.

Znacht

PILZPIZZA

für 2 Pizzas
für 4 Personen

350 g Ruchmehl
1 TL Salz
1 EL Olivenöl
¼ Hefewürfel
ca. 2 dl lauwarmes Wasser

Belag
200 g braune Champignons
2 EL Olivenöl
Salz
Pfeffer aus der Mühle
1 EL Tomatenpüree
entsteinte grüne Oliven
1–2 mittelgrosse Tomaten, Stielansatz ausgestochen, in sehr feinen Scheiben
Oregano
150 g Mozzarella-Stange, geschnitten
Olivenöl

Für den Pizzateig Mehl auf Arbeitsfläche häufen, eine Vertiefung drücken. Salz auf den Rand streuen, Olivenöl darüberträufeln. Hefe zerbröckeln und in die Vertiefung geben, nach und nach Wasser und Mehl unter die Hefe rühren, einen Teig formen, auf der Arbeitsfläche 10 Minuten kneten. In zugedeckter Schüssel 30 Minuten gehen lassen.

Pilze in Scheiben schneiden. Eine Bratpfanne aufheizen, Öl zufügen, bei starker Hitze kurz braten, würzen.

Backofen auf 220 °C vorheizen.

Teig in 2 Portionen teilen, 2 Rondellen von etwa 30 cm Durchmesser ausrollen oder von Hand ausziehen. Tomatenpüree darauf verstreichen. Champignons, Tomatenscheiben und Oliven darauf verteilen. Oregano und Käsemischung darüberstreuen, mit Öl beträufeln.

Pizzas im vorgeheizten Ofen bei 220 °C rund 15 Minuten backen.

Znacht

PIZZETTE MARGHERITA

800 g Pizzateig

Tomatensauce
1 Dose (500 g) Pelati mit Saft
2 EL Olivenöl
2 Knoblauchzehen
2 Oreganozweiglein
Salz
Pfeffer aus der Mühle

300–400 g geraffelte Pizza/Gratin-Käsemischung
Salz
Olivenöl
1 Bund Basilikum

Für die Tomatensauce Stielansatz bei Tomaten entfernen und Tomaten zerkleinern, mit Tomatensaft in einen Topf geben. Knoblauch dazupressen, Olivenöl und Kräuter dazugeben, unter zeitweiligem Rühren 10 bis 15 Minuten köcheln lassen. Erkalten lassen.

Backofen auf 220 °C vorheizen. Backbleche mit Backpapier belegen.

Teig 2 mm dick ausrollen. 16 Rondellen ausstechen. Auf Backblech legen und mit Tomatensauce bestreichen. Käse darauf verteilen, mit Salz würzen und mit Olivenöl beträufeln.

Minipizze im vorgeheizten Ofen bei 220 °C 10 bis 15 Minuten backen. Abschmecken mit Pfeffer. Mit Basilikumblättchen garnieren.

Znacht

ÜBERBACKENE MAISRONDELLEN

½ l Milch
4 dl Gemüsebouillon
200 g grober Maisgriess
Pfeffer aus der Mühle
Muskatnuss
2 rotschalige Äpfel
1 Kugel Mozzarella (150 g), gehackt, abgetropft
8–12 Scheiben Frühstücksspeck
6 Dörraprikosen, klein gewürfelt
6 Salbeiblätter, in Streifchen
Pfeffer aus der Mühle

Salbei, für die Garnitur

Milch und Gemüsebouillon erhitzen, Mais unter Rühren einrieseln lassen, mit Pfeffer und Muskatnuss würzen. Unter zeitweiligem Rühren bei schwacher Hitze zu einem dicken Brei kochen, rund 30 bis 40 Minuten. Ein rechteckiges Blech kalt abspülen, Maisbrei auf dem Blechrücken 15 mm dick verstreichen. Auskühlen lassen.

Mais portionieren, d. h. Rondellen von 6 bis 7 cm Durchmesser ausstechen, auf ein mit Backpapier belegtes Blech legen.

Backofen auf 220 °C vorheizen.

Bei den Äpfeln das Kerngehäuse ausstechen, Früchte in 5 mm dicke Scheiben schneiden. Apfelscheiben, Mozzarella und Speck auf die Maisrondellen verteilen. Dörraprikosen und Salbei darüberstreuen, würzen.

Maisrondellen in der Mitte in den Ofen schieben und bei 220 °C rund 10 Minuten backen. Mit Salbei garnieren.

Znacht

GEGRILLTES GEMÜSE MIT PEPERONI-BUTTER

Karotten, Knollensellerie, Kohlrabi, Kürbis, Zucchini, Fenchel, Tomaten, Randen, Pastinaken, Zwiebeln, Peperoni
Olivenöl

Peperonibutter
20 g Butter
1 Schalotte, fein gewürfelt
je ¼ roter, gelber und grüner Peperoni
200 g weiche Butter
½ TL Tomatenpüree
2 EL Zitronensaft
1 TL Salz
Pfeffer aus der Mühle
1 Bund Basilikum, Blätter abgezupft und fein geschnitten

Gemüse zum Grillen in Spalten oder Scheiben schneiden, auf ein mit Backpapier belegtes Backblech legen. Öl darüberträufeln. Im vorgeheizten Ofen bei 180 °C 30 bis 40 Minuten backen. Vor dem Servieren mit Pfeffer und etwas grobem Salz bestreuen.

Für die Butter die Peperoni mit Sparschäler schälen. Stielansatz, Kerne und weisse Rippen entfernen, Schotenviertel klein würfeln (Brunoise). Schalotte und Peperoni in der Butter andünsten, auf einem Teller auskühlen lassen. Weiche Butter mit dem Schneebesen luftig aufschlagen. Tomatenpüree und Zitronensaft unterrühren, würzen, Basilikum und Peperoni unterrühren.

Butter für den Vorrat Eine Klarsichtfolie auf die Arbeitsfläche legen, Butter ähnlich einer Wurst auf die Folie verteilen, mit Hilfe der Folie eine Rolle formen, im Kühlschrank oder im Tiefkühler fest werden lassen.

REGISTER

PRODUKTE

Mozzarella-Kugel 150 g

Züger-Mozzarella wird aus frischer Schweizer Milch hergestellt und eignet sich für die kalte und warme Küche. Er weist eine sanfte, für Olivenöl und Aceto Balsamico durchlässige Faserung auf.
Verwendungsideen Caprese-Salat (Tomaten-Mozzarella), Füllung für Sandwiches, Aperohäppchen

Mozzarella-Herzli 130 g

Mozzarella in Herzform - beliebt vor allem für Aperos oder an speziellen Feiertagen wie dem Mutter- oder Valentinstag. Überraschen Sie Ihre Liebsten doch einmal mit einem feinen Salat, garniert mit den Züger-Mozzarella-Herzen, garantiert ein Hit!

Mozzarella-Stange 400 g, geschnitten

Mozzarella-Stange, in gleichmässige Scheiben vorgeschnitten. Packung öffnen, abwechselnd mit einer fein geschnittenen Tomatenscheibe auf einen Teller legen, Dressing dazugeben und servieren.

Mozzarella Bufala, Kugel à 130 g
Mozzarella Bufala Mini, 125-g-Stehbeutel

Neben der Kuhmilch von über 400 regionalen Bauernfamilien wird bei der Züger Frischkäse AG in Oberbüren auch die gehaltvolle Milch von Ostschweizer Büffelkühen verarbeitet. Unter Feinschmeckern längst bekannt, erfreut sich der Büffel-Mozzarella einer immer grösseren Beliebtheit. Mit der Ansiedlung der Wasserbüffel in der Ostschweiz kann so ein regionales Produkt hergestellt werden, näher kann der Rohstoff fast nicht kommen.
Büffelmilch ist reich an wertvollen Vitaminen und Eiweissen. So schmeckt dann auch der Büffel-Mozzarella fein rahmig, mit einem delikaten Eigengeschmack. In der Konsistenz ist er feiner als der Mozzarella aus Kuhmilch.

Pizza/Gratin-Käsemischung 250 g

Wieso die Pizza im Restaurant einfach immer anders schmeckt als die selbstgemachte zu Hause? Oft liegt es nicht am besseren Ofen, sondern am verwendeten Mozzarella.
Eignet sich die klassische Mozzarella-Kugel eher für kalte Speisen wie Caprese-Salat, ist der Pizza-Mozzarella etwas fester in der Konsistenz und gelblicher in der Farbe. Pizza-Mozzarella wird nicht im Wasser liegend verkauft, sondern im Beutel, meist bereits gerieben. So ist er ideal als Pizzabelag oder auch zum Überbacken von Gratins.

Frischkäse 150 g Nature
Frischkäse 150 g Kräuter

Der frische Frischkäse von Züger Frischkäse. Ob Natur oder verfeinert mit frischen Kräutern, auf jedem Frühstücks- oder Pausenbrot ein Genuss. Der leichte Brotaufstrich eignet sich aber auch als Sandwich-Füllung oder als Basis für feine Dip-Saucen.

Mascarpone 250 g

Mascarpone ist bekannt als klassische Zutat für das beliebte Dessert Tiramisù. Der feine Züger-Mascarpone kann nicht nur für Desserts sehr vielseitig in der modernen Küche eingesetzt werden.
Mascarpone gibt – anstelle von Rahm – Rahmsaucen, Risotto oder Pastagerichten die italienische Note. Mascarpone hat 7 x mehr Eiweiss als Butter, dafür nur halb so viel Fett. Probieren Sie Mascarpone auf dem Frühstücksbrot als Alternative zu Butter.

Ricotta 250 g

Ricotta wird aus frischer Milch und Molke hergestellt. Verwendung findet der fettarme, aber eiweissreiche Ricotta als Brotaufstrich oder als Füllstoff für Nudelteigtaschen oder Gebäck.

Cottage Cheese / Hüttenkäse 200 g

Der körnige Frischkäse hat einen hohen Proteingehalt, aber einen sehr tiefen Fett- und Kohlehydratgehalt. Ein perfekter Baustein für eine bewusste, gesunde Ernährung. Hüttenkäse kann als Brotaufstrich oder auch für Salatsaucen verwendet werden.

Magerquark 500 g

Der Züger-Quark ist mild im Geschmack und sehr fein in der Konsistenz. Magerquark ist ein wichtiger Lieferant von Kalzium und Eiweiss. Er wird aus entrahmter Milch hergestellt und ist dank seines tiefen Fettgehalts ein geeigneter Baustein für eine gesunde, ausgewogene Ernährung.

Vorzugsbutter «üsi Butter» 200 g

Die Züger-Vorzugsbutter wird aus frischem Schweizer Milchrahm hergestellt und ist stets von hoher Qualität. Ob als Brotaufstrich oder in der Küche, Butter ist vielseitig verwendbar und gibt den Speisen den letzten Schliff.

Grillspiess 125 g Barbecue
Grillspiess 125 g Antipasti
Grillspiess 125 g Curry
Grillspiess 125 g Provençal
Bratkäse / Grill-Cheese Barbecue 2 x 80 g
Bratkäse / Grill-Cheese Provençal 2 x 80 g

Grillen macht ganz einfach Spass und ist alle Jahre wieder in. Besonders im Familienkreis oder unter Freunden ist das Brutzeln von Leckereien auf dem offenen Feuer in der warmen Jahreszeit ein absoluter Renner. Fleisch, Würste, Fisch und Gemüse werden in allen möglichen Variationen auf den Grill gelegt. Die feinen Grillkäse-Spezialitäten von Züger öffnen ein weiteres Kapitel im vielfältigen Grillangebot. Wetten, dass Sie damit als Gastgeber punkten?
Durch die spezielle Konsistenz schmilzt der Käse auf dem Grill nicht, er bleibt aber trotzdem schön weich und zart. Zubereitet ist der Grillkäse innert Minuten.
Der Frischkäse-Spezialist aus Oberbüren bringt mit seinen Grillkäse-Köstlichkeiten frischen Wind in die Grillwelt und beweist damit auch, wie lecker Käse auf dem Grill schmecken kann!
Curry – der Geschmackvolle
Barbecue – der Pikante
Provençal – der Mediterrane
Antipasti – der Würzige